와이즈만 환경과학 그림책은 우리 환경, 푸른 지구를 지켜 나가는 길을 함께 찾아가는 시리즈입니다.

와이즈만 환경과학 그림책 ⑫
전기가 나오는 축구공

초판 1쇄 발행 | 2018년 3월 12일
초판 6쇄 발행 | 2023년 8월 5일

서지원 글 | 오승민 그림
발행처 | 와이즈만 BOOKs
발행인 | 염만숙
출판사업본부장 | 김현정
편집 | 오미현 원선희 양다운
디자인 | 권승희
마케팅 | 강윤현 백미영 장하라

출판등록 | 1998년 7월 23일 제1998-000170
제조국 | 대한민국
사용 연령 | 5세 이상
주소 | 서울특별시 서초구 남부순환로 2219 나노빌딩 5층
전화 | 마케팅 02-2033-8987 편집 02-2033-8928
팩스 | 02-3474-1411
전자우편 | books@askwhy.co.kr
홈페이지 | books.askwhy.co.kr

저작권자 ⓒ 2018 서지원 오승민
이 책의 저작권은 서지원 오승민에게 있습니다.
저자와 출판사의 허락 없이 내용의 일부를 인용하거나 발췌하는 것을 금합니다.

사진 제공 | 2, 5, 46쪽 셔터스톡 _ 14쪽 큐드럼_Rolex Awards _ 24쪽 페트병 전구_Monique Tendencia/A Liter of Light_
25쪽 중력 전구_Eddie Hamilton THE GRAVITY LIGHT FOUNDATION _ 35쪽 태양광 조리기_알라미_
44쪽 흙 부대 공법 건축_해남신문사, 계란판 공법 건축_토담흙건축 _ 45쪽 지세이버_굿네이버스
공유저작물(public domain)은 따로 기재하지 않았습니다. 이 책에 사진을 제공해 주신 분들께 감사합니다.

잘못된 책은 구입처에서 바꿔 드립니다.

• 와이즈만 BOOKs는 (주)창의와탐구의 출판 브랜드입니다.

전기가 나오는 축구공

서지원 글 | 오승민 그림

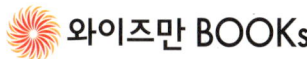

우리가 사는 세상을 보아요

여러분은 친구들과 뛰어놀고는
수도꼭지를 틀어 맑은 물에 손을 깨끗이 씻어요.
엄마가 전기밥솥에서 떠 주는 따뜻한 밥을 먹고
냉장고에서 간식거리나 과일을 꺼내 먹어요.
더러워진 옷은 벗어서 세탁기에 빨고
인터넷으로 정보를 찾아 컴퓨터로 숙제를 하며
심심할 땐 텔레비전을 보아요.
첨단 기술 덕분에 우리는 편리하게 살아요.

하지만,
우리처럼 사는 사람은 지구에서 10퍼센트도 되지 않아요.

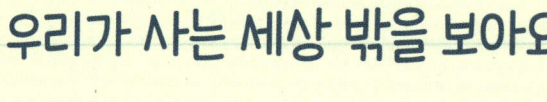

우리가 사는 세상 밖을 보아요

어떤 아이는 여러분과 전혀 다르게 살아요.

아침에 눈을 뜨면

한 시간이나 떨어진 강으로 물을 길으러 가야 해요.

옷은 찬물에 손으로 빨아야 하고

저녁에는 땔감을 구해야 요리를 할 수 있어요.

값비싼 기계를 살 수 없고 전기도 쓸 수 없는 이들은

우리처럼 첨단 기술의 도움을 전혀 받지 못해요.

그렇다면

지구에 사는 사람 90퍼센트에게 필요한 기술은 무엇일까요?

당장 기본적인 생활을 할 수 있는 기술,

꼭 필요한 도움을 줄 수 있는 기술이 필요해요.

이것이 적정 기술이에요.

적정 기술이 필요한 사람들,

우리가 보지 못한 90퍼센트의 세상을 들여다보아요.

깨끗한 물을 마시고 싶어!

아홉 살 라일리는 아침 일찍 눈을 떴어요.
라일리는 세수도 하지 않고, 부엌에서 양동이 하나를 들고나왔어요.
학교에 갈 시간에 어디를 가는 걸까요?
옆집에 사는 여섯 살 바운도 양동이를 들고나왔어요.
동네 아이들이 그렇게 모여 길을 나서요.
10분, 20분, 30분……, 부지런히 걸어요.

"아야!"

바운이 돌부리에 걸려 넘어졌어요. 바운의 무릎에서 피가 나요.

라일리는 바운을 부축해서 걷기 시작해요.

절룩절룩, 절룩절룩…….

아이들이 한 시간쯤 걸어 도착한 곳은 바로 강이에요.

집에서 5킬로미터나 떨어진 강이었지요.

아이들이 양동이 가득 물을 길어요.
라일리도 바운도 양동이에 물을 잔뜩 채워요.
이제 집으로 돌아가야 해요.

물을 가득 채운 양동이를
어떤 아이는 두 손에 들고 비틀비틀.
어떤 아이는 머리에 이고 휘청휘청.
물을 쏟을까 한 발자국 한 발자국
말 한마디 나누지 않고 조심조심 걸어가요.

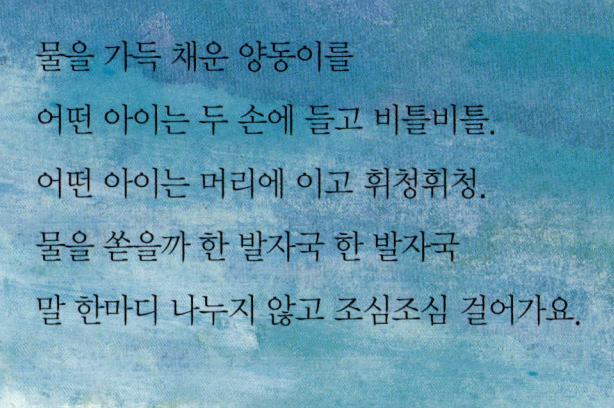

이튿날 아침, 라일리는 또 양동이를 들고
강가로 갔어요.
그런데 바운이 보이지 않아요.
바운은 다음 날도, 그다음 날도
나타나지 않았어요.

라일리가 바운의 집에 찾아가 보니
바운과 동생들 모두 끙끙 앓고 있어요.
바운이 다쳐서 물을 길어 오지 못하자
동생들이 웅덩이에 고인 썩은 물을 마시고
배탈이 났다는 거예요.

바운의 엄마가 슬픈 목소리로 말했어요.
"아프리카에 사는 우리는 두 가지 방법 중 하나로 죽게 될 거야.
하나는 물을 구하지 못해서 목이 말라 죽는 것이겠지.
그리고 또 하나는 오염된 물을 먹고
병에 걸려서 죽는 것이고 말이야."
라일리는 바운을 가만히 바라보았어요.
"목말라……."
바운이 애타게 물을 찾아요.
라일리는 눈물이 나서 견딜 수가 없었어요.
사람이 만약 눈물을 마실 수 있다면
밤새도록 눈물을 모아서 바운에게 주고 싶었지요.
'하느님, 우린 왜 이런 고통 속에서 살아야 하나요?'
라일리는 간절하게 하늘을 바라보았어요.

깨끗한 물을 마실 수 있는 기술

한 사람이 하루 동안 마시고, 씻고, 생활하는 데 필요한 최소한의 물은 40리터예요. 물을 편리하게 구할 수 있는 사람들은 300리터에서 많게는 1,000리터를 쓰지만, 아프리카나 서아시아의 사람들은 물이 부족해 하루에 10리터도 쓰지 못해요. 이들에게 필요한 물을 얻는 적정 기술을 알아보아요.

큐드럼

큐드럼은 수 킬로미터를 걸어 물을 길어 와야 하는 사람들을 위해 남아프리카 공화국의 헨드릭스 형제가 1993년에 개발한 물통이에요. 도넛 모양 물통에 끈을 끼워 끌 수 있게 만들었지요. 큐드럼을 이용하면 물을 한 방울도 흘리지 않고 데굴데굴 굴려 길어 올 수 있답니다.

물통 물을 75리터까지 담을 수 있어요.

뚜껑 물을 흘리지 않게 막아 주어요.

끈 물통을 끌 수 있어요.

🟢 와카워터

아프리카에서 많이 자라는 '와카'라는 나무로 만든 식수 장치예요. 꽃병 모양 나무틀 안에 그물을 걸고 물받이를 받쳤는데, 낮과 밤의 기온 차이가 크면 풀잎에 이슬이 맺히는 것처럼 그물에 이슬이 맺혀요. 이 이슬을 물받이에 모으면 깨끗한 물을 얻을 수 있어요.

나무틀 구멍이 숭숭 나게 짰기 때문에 강한 바람이 불어도 쓰러지지 않아요.

그물망 밤사이 공기 중의 물기가 이슬로 맺히게 해요.

물받이 그물망에서 떨어지는 물을 3,000리터까지 받아 모아요.

🟧 라이프스트로

깨끗하지 않은 물을 먹어야 할 때 사용하는 휴대용 정수기예요. 물속에 넣고 빨면, 속에 들어 있는 필터가 세균과 박테리아를 98퍼센트 이상 걸러 줘 깨끗한 물을 마실 수 있어요.

멤브레인 필터 얇은 망들이 아주 작은 알갱이까지 걸러요.

요오드 필터 요오드로 된 구슬이 세균과 박테리아를 소독해 없애요.

활성탄 필터 숯 등의 활성 탄소가 물의 맛과 냄새를 깨끗하게 해요.

공부할 수 있는 빛이 필요해!

내 이름은 바알, 여덟 살 남자아이예요. 브라질에 살고 있지요.
나는 지금 쓰레기 더미 속에서 재활용할 만한 것을 찾고 있어요.
그걸 모아서 팔면 돈을 받을 수 있거든요.
집안 형편이 어려워 학교도 그만두고 이 일을 하고 있어요.
학교를 다닌 건 몇 달뿐이지만, 나는 글자를 읽고 쓸 줄 알아요.
난 책 읽고, 공부하는 게 좋아요.
하지만 일을 하다 보면 자꾸 글을 까먹게 돼서 걱정이에요.

나는 일을 마치고 돌아와 촛불을 켜고 책을 펼쳤어요.
내가 사는 마을은 전기가 들어오지 않아요.
해가 떠 있어도 햇빛이 집 안까지 들어오지 않아 어둡지요.
내가 한참 책을 읽고 있는데,
아버지가 불같이 화를 내며 들어왔어요.
"바알, 양초가 얼마나 비싸고 귀한 건지 아니?
책을 보고 싶으면 밖에 나가서 봐라."
"아버지, 밖은 너무 시끄럽고, 이제 해도 졌는걸요……."
아버지는 내 말을 듣지도 않고 촛불을 훅 꺼 버렸어요.
"그럼 자거라! 내일 아침 해 뜨자마자 나가야 하니까."

나는 왈칵 눈물이 났어요.
공부하고 싶은 마음을 몰라주는 아버지가 미웠어요.
그때 동생이 솔깃하는 말을 했어요.
"형, 울지 마! 내가 빛이 있는 곳을 알아.
거기 가면 책을 읽을 수 있을 거야."
나는 당장 동생을 따라나섰어요.
동생이 이끈 곳은 모저 아저씨네 집 앞이었어요.

모저 아저씨는 솜씨 좋은 기계공이에요.
이웃 마을 사람들도 고장 난 기계를 가져와 맡길 정도로요.
모저 아저씨는 밤에도 기계를 고치는지
낮처럼 환하게 빛을 밝히고 있었어요.
"형, 우리도 빛을 마음대로 쓸 수 있으면 좋겠다."
"안 돼. 이런 빛은 부자들이나 쓸 수 있는 거야.
책에서 읽었는데 빛을 만들려면 발전기라는 게 있어야 한대.
하지만 우리처럼 가난한 사람들은 그런 걸 살 수 없어."

"애들아, 여기서 뭐 하는 거니?"
모저 아저씨가 문을 벌컥 열고 물었어요.
"공부하고 싶은데, 여기만 빛이 있어서요."
모저 아저씨는 주위를 쓱 한번 둘러보고는 말했어요.
"애들아, 여기보다는 집 안이 훨씬 밝으니 들어오렴."
나와 동생은 모저 아저씨의 집 안으로 들어갔어요.

"넌 왜 공부를 하려는 거니?"
"꿈을 이루려고요. 전 과학자가 될 거예요."
내 꿈을 들은 모저 아저씨가 웃으며 말했어요.
"그렇다면 내가 전기도, 돈도 들지 않는 빛을 선물하마.
너희가 꿈을 이룰 수 있는 빛을 만들어 줄게."
"정말요?"
우리는 눈을 반짝이며 아저씨가 만들어 줄 빛을 기다렸어요.

어둠을 밝히는 빛을 만드는 기술

전구가 발명된 뒤, 사람들은 언제 어디서나 어둠을 환히 밝히며 생활하게 됐어요. 하지만 아직도 세계 인구의 20퍼센트는 전기가 들어오지 않아 전등을 쓰지 못해요. 이들은 촛불이나 석유램프를 쓰는데 그마저도 구할 수 없어 밤이 되면 어둠 속에서 생활해요. 이들에게 필요한 빛을 만드는 적정 기술을 알아보아요.

페트병 전구

페트병, 물, 표백제만으로 빛을 밝히는 전구로 브라질의 기술자 모저가 2002년에 만들었어요. 만드는 방법은 간단해요. 페트병에 물을 담고 표백제를 약간 넣은 뒤 지붕에 꼭 맞는 구멍을 뚫어 끼워요. 그러면 햇빛이 페트병을 통과하면서 사방으로 퍼져 형광등 두 개를 켠 것처럼 집 안을 밝혀요. 최근에는 태양열 전지판과 배터리를 달아 해가 진 뒤에도 쓸 수 있게 만들었어요.

페트병 둥근 입구가 볼록 렌즈 역할을 해서 빛을 모아요.

표백제 물에 곰팡이가 생기는 걸 막아요.

물 빛을 사방으로 넓게 퍼져 나가게 해요.

🟢 소켓볼

소켓볼은 모양과 재질, 무게가 일반 축구공과 거의 똑같아요. 하지만 그 안에 센서, 발전기, 배터리 등 전기를 만들어 저장하는 장치가 들어 있어요. 30분간 소켓볼로 축구를 하면 세 시간 정도 전구를 켤 수 있는 전기 에너지가 만들어져요. 콘센트가 있어 다른 전기 제품도 꽂아 쓸 수 있어요.

콘센트 플러그를 끼워 전등을 켤 수 있어요.

🟠 중력 전구

지구가 무거운 물체를 아래로 끌어당기는 힘인 중력을 이용한 전구예요. 무거운 물체를 넣은 주머니를 벨트에 걸어 두면 주머니가 중력에 의해서 천천히 아래로 내려가며 에너지를 만들어 전구가 빛을 내요. 단 3초를 걸어 둔 것만으로도 약 30분간 빛을 내요.

본체 위치 에너지를 운동 에너지로 만든 뒤 전기 에너지로 전환해 전구에 빛을 내요.

벨트 주머니가 아래로 내려가며 생긴 위치 에너지를 본체에 전달해요.

전구

주머니 무거운 물체를 넣어 두면 중력에 의해 아래로 내려가요.

로토와 젤리나의 소원

로토와 젤리나는 나이지리아 작은 마을에 살고 있어요.
"오빠, 배 아파."
상한 닭죽을 먹고 배탈이 난 젤리나가 칭얼거렸어요.
"다음부턴 먹기 전에 음식을 잘 살펴보도록 해.
더워서 음식이 빨리 상하거든."
로토는 젤리나의 배를 쓸어 주며 달랬어요.
"누워 있어, 나 혼자 땔감 구해 올 테니까."
로토가 젤리나에게 누울 자리를 만들어 주고 말했어요.
"싫어, 같이 가."
"안 돼. 땔감을 구하려면 멀리 가야 한단 말이야."
하지만 젤리나는 같이 가겠다며 고집을 부렸어요.
로토는 하는 수 없이 젤리나를 데리고 집을 나섰어요.

마을을 조금 벗어나자
삐쩍 마른 나무가 듬성듬성 있는 숲이 나타났어요.
"내년이면 여기서도 땔감을 못 구하겠어."
"난 땔감 없이도 불을 피울 수 있으면 좋겠어."
로토와 젤리나는 투덜거렸어요.

음식을 해 먹으려면 불을 때야 하고,
그러기 위해선 땔감이 필요해요.
그런데 땔감은 점점 더 구하기가 힘들어져요.
사람들이 너 나 할 것 없이 나무를 베어 가기 때문이지요.
땔감을 찾아 돌아다니다 보니 어느새 해가 뉘엿뉘엿 저물었어요.
로토와 젤리나는 겨우겨우 땔감을 구해 집으로 돌아왔어요.

로토는 아궁이에 불을 지피기 시작했어요.
로토가 후후 크게 숨을 불어 불을 키우자
금세 온 집 안이 연기로 뒤덮였어요.
연기에 젤리나가 에취 에취 재채기하는데
시장에 채소를 팔러 나갔던 엄마가 돌아왔어요.
"아휴, 연기가 자욱하네.
연기가 많이 나지 않는 레인지를 살 수 있으면 좋으련만."
"엄마, 채소가 많이 남았어요."
젤리나가 엄마가 들고 온 바구니를 보고 말했어요.
"응. 채소가 시들시들하니 사람들이 사지 않는구나.
오늘은 이걸로 음식을 해 먹자꾸나."

저녁 식사를 마친 로토네 가족은 밖으로 나왔어요.
낮 동안의 더위가 가시고 시원한 밤바람이 불었어요.
"젤리나, 이제 배 아픈 건 괜찮니?"
"네. 그런데 이제 목이 아파요."
엄마는 젤리나를 꼭 안았어요.
밤하늘에는 별이 잔뜩 수놓아져 있어요.
로토는 별님에게 소원을 빌었어요.
"별님, 배탈 걱정 없이 음식을 먹고
땔감 걱정 없이 편하게 살 수 있게 도와주세요."

전기 없이도 편리하게 쓰는 기술

냉장고, 레인지, 세탁기 등은 편리한 기계지만 전기가 필요하고, 값이 비싸요. 전기가 들어오지 않는 곳에 살고, 돈이 부족한 사람들은 이 기계들을 쓸 수 없지요. 그래서 음식을 보관하고 요리하거나 빨래하는 데 어려움을 겪어요. 전기도 필요 없고, 값싸게 사거나 직접 만들 수 있는 적정 기술을 알아보아요.

팟인팟 쿨러

'항아리 속 항아리 냉각기'라는 뜻으로, 나이지리아의 학교 선생님이었던 모하메드 바 압바가 1995년에 만든 전기 없이 쓰는 천연 냉장고예요. 두 항아리 사이에 채운 젖은 모래가 마르면서 항아리 속의 열을 빼앗아 온도를 낮추는 원리예요. 여기에 음식을 넣어 두면 채소, 과일 등을 길게는 3주 정도 신선하게 보관할 수 있어요.

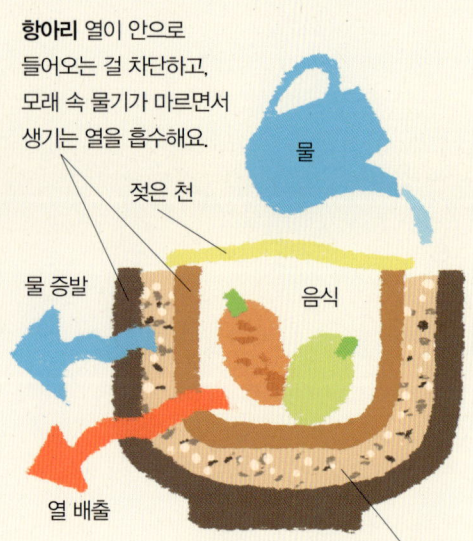

항아리 열이 안으로 들어오는 걸 차단하고, 모래 속 물기가 마르면서 생기는 열을 흡수해요.

물
젖은 천
물 증발
음식
열 배출
모래 물기가 증발하면서 작은 항아리 속의 열기를 밖으로 빼요.

34

🟢 태양광 조리기

햇빛인 태양광을 이용해 음식을 만드는 조리 기구예요. 태양광을 이용하면, 땔감을 구할 필요가 없고, 불을 피울 때 나는 연기를 마시지 않아도 되니까 건강을 지킬 수 있어요. 간단히 물을 끓여 마실 수 있고, 햇빛이 강할 때는 온도가 빨리 올라 많은 양의 요리를 할 수도 있어요.

알루미늄 코팅 반사판 우산 안쪽처럼 둥글고 오목한 판으로 빛을 가운데로 모아요.

냄비 햇빛을 잘 흡수하는 검은색 냄비를 써요.

🟠 기라도라

발로 밟아서 돌리는 세탁기예요. 빨랫감을 넣고, 물과 세제를 넣은 다음, 뚜껑을 덮고 그 위에 앉아 발판을 누르면 빨래가 되고, 아랫부분의 작은 뚜껑을 열면 물이 빠져나가요. 기라도라를 쓰면 빨래하는 시간이 줄 뿐 아니라 빨래에 쓰는 물의 양도 줄여 주어요.

발판을 누르면 통이 회전하며 빨래가 되어요.

비가 와도 끄떡없는 집

우르릉 쾅쾅!

새까만 어둠 속에 천둥 번개가 내리치더니

양철 지붕 위로 비가 요란하게 떨어져요.

안잘리는 잠자리에서 벌떡 일어났어요.

큰비에 진흙 벽이 허물어질 것 같아 무서웠지요.

아빠는 괜찮다며 다시 자라고 했지만

안잘리는 잠이 오지 않았어요.

어서 비가 그치기만을 바라며 밤을 꼬박 새웠어요.

다음 날 아침, 안잘리는 잠에서 깨자마자 주위를 살폈어요.
"휴, 비가 그쳤네. 집이 무너지지 않아서 다행이야."
안잘리는 아침을 먹은 뒤 벽돌 공장으로 향했어요.
네팔에 있는 천여 개의 벽돌 공장에는 안잘리처럼 가난한 아이들이 많아요.
가마에서 구운 벽돌을 빼내거나 새로 구울 벽돌을 옮기는 일을 하지요.
안잘리는 무거운 벽돌을 머리에 이면서 생각했어요.
"이 벽돌로 집을 지으면 집이 무너질까 걱정하지 않아도 될 텐데……."
하지만 그건 어림없는 일이에요.
벽돌은 비싸서 집을 지으려면 엄청나게 큰돈이 필요하거든요.
안잘리는 한숨을 쉬고는 고개를 흔들었어요.

벽돌 공장 일을 마친 안잘리는 동생이 있는 유치원으로 향했어요.
유치원 마당에서는 낯선 아저씨들이 일하고 있었어요.
아저씨들은 기계를 쓰고 있었는데
기계에 흙을 붓고 누르자 금방 벽돌이 나왔어요.
안잘리는 깜짝 놀랐어요.
벽돌 공장 가마에서 만들 수 있는 벽돌이 뚝딱 만들어졌거든요.
"아저씨! 이걸로 집을 지을 수 있나요?"
안잘리는 자기도 모르게 큰 소리로 물었어요.
"그럼! 곧 흙벽돌로 지은 새 유치원이 문을 열 거란다.
그때 와 보렴."

흙벽돌 압축기
흙을 기계 안에 넣고 버튼만 누르면 압축 흙벽돌이 만들어지며 이후 맑은 날 4~5일 정도 건조시키면 사용할 수 있어요. 보통 벽돌은 구워서 만들지만 이 압축기를 이용하면 굽지 않고도 단단한 흙벽돌을 만들 수 있어요.

드디어 흙벽돌로 지은 새 유치원이 문을 여는 날이에요.
안잘리는 새 유치원 앞에 북적대는 사람들 틈을 비집고 들어갔어요.
"새 유치원은 흙벽돌로 벽을 쌓고, 짚을 엮어 지붕을 만들었어요.
이렇게 지으면 비가 와도 무너지지 않고 겨울에도 따뜻하답니다."
아저씨 말대로 새 유치원은 정말 튼튼해 보였어요.

"흙벽돌은 만들기 쉽고, 돈도 얼마 들지 않아요.
우리는 여기서 여러분이 흙벽돌로 집 짓는 걸 돕기로 했어요.
여러분, 우리와 함께 튼튼한 집 만드실 거죠?"
아저씨의 말이 끝나자마자 마을 사람들은 박수를 치며 환호성을 질렀어요.
안잘리도 너무 기뻐 그 자리에서 팡팡 뛰었어요.

안전하고 살기 좋은 집을 만드는 기술

집은 사람이 머물고 잠을 자고 쉬는 공간으로 사람이 사는 데 꼭 필요한 기본 요소예요. 하지만 세계에는 집이 없거나 더위나 추위를 막을 수 없는 낡은 집에서 사는 사람들도 있어요. 이 사람들을 위한 집을 짓는 적정 기술을 알아보아요.

🟠 흙 건축

흙을 이용해 집이나 건물을 짓는 건축을 말해요. 일반 벽돌은 뜨거운 열로 구워서 만들어요. 하지만 벽돌을 굽기 위해서는 많은 화석 연료를 써야 해서 비용과 환경 오염 문제가 있어요. 흙은 쉽게 구할 수 있는 재료인 데다 더위와 추위를 막는 기능도 뛰어나요. 게다가 집을 짓는 방법도 어렵지 않아서 조금만 배우면 누구나 집을 지을 수 있지요.

흙 부대 공법 흙을 담은 부대 자루를 차곡차곡 쌓아 벽을 만드는 것으로 아주 빠르게 집을 짓는 방법이에요.

계란판 공법 바닥에 평평하게 쌓은 흙 위에 계란판을 얹고 다시 흙을 쌓는 걸 반복해 집을 짓는 방법이에요.

🌍 지세이버

1년 중 절반 이상이 영하 30~40도의 추운 날씨인 몽골 등 중앙아시아의 나라에서 쓸 수 있게 만든 축열 장치예요. 몽골 사람들이 주로 쓰는 석탄 난로의 배기구에 연결해서 사용해요. 지세이버 속에는 세라믹으로 만든 축열재가 들어 있어 난로에서 나오는 뜨거운 연기의 열을 축적해 연료비를 아껴 줘요. 또한 매연을 줄여 주는 기능도 있어요.

축열재 빨리 데워지고 천천히 식는 세라믹 물질로 열을 보존해요.

🟧 바람잡이 탑

높은 곳의 시원한 바람을 집 안으로 끌어들일 수 있는 탑이에요. 집의 높은 곳에 세우고, 바람이 잘 통할 수 있도록 창문 등을 만들기만 하면 되어요. 따뜻한 공기는 위로 올라가고, 찬 공기는 아래로 내려가는 성질을 이용했지요. 바람잡이 탑을 만들면 에어컨, 선풍기 등 전기를 쓰는 기계 없이도 집 안을 시원하게 할 수 있어요.

집 아래쪽에서 데워진 더운 공기는 위로 올라가 다시 높은 창을 통해 나가요.

높은 창을 통해 들어온 찬 공기는 집 아래쪽으로 내려가요.

45

적정 기술 제품, 이렇게 만들어요

1 적은 비용으로 만들고 쓴다.
2 가능하면 제품을 쓸 곳에서 쉽게 구할 수 있는 재료를 사용한다.
3 제품을 쓸 곳의 기술과 노동력을 활용하여 일자리를 창출한다.
4 제품의 크기는 적당해야 하고 사용 방법은 간단해야 한다.
5 특정 분야의 지식이 없어도 이용할 수 있어야 한다.
6 지역 주민 스스로 만들 수 있어야 한다.
7 사람들의 협동 작업을 이끌어 내며 지역 사회 발전에 공헌해야 한다.
8 재생 가능한 에너지 자원을 활용한다.
9 기술을 사용하는 사람들이 해당 기술을 이해할 수 있어야 한다.
10 상황에 맞게 변화할 수 있어야 한다.
11 지적 재산권, 컨설팅 비용, 수입 관세 등이 포함되지 않아야 한다.

적정 기술에 대한 정보를 알아볼 수 있는 곳

굿네이버스 적정기술센터 www.goodneighbors.kr
국경없는과학기술자회 www.sewb.org
나눔과기술 www.stiweb.org

나도 착한 기술을 만들어 볼 거예요!

1 평소, 불편하다고 생각했던 상황이나 물건이 있었나요?

2 있었다면, 어떤 이유에서 불편했나요?

3 불편함을 해결하려면 어떻게 해야 할까요?

4 나만의 적정 기술을 만들어 보세요.

적정 기술, 우리에게도 필요할까요?

깨끗한 물을 얻는 기술,

어둠을 밝히는 빛을 만드는 기술,

편리한 생활을 위한 도구를 만드는 기술,

튼튼하고 편안한 집을 짓는 기술,

적정 기술은 가난한 사람들뿐 아니라

지구에 사는 모든 사람들에게 필요한 기술이에요.

복잡하거나 어렵지 않아서 누구나 손쉽게 만들 수 있고

주변에서 얻을 수 있는 천연 재료와 에너지를 이용해서

환경을 오염시키지도 않지요.

적정 기술은 90퍼센트의 사람들을 넘어

우리, 지구를 위한 기술이기도 해요.

100퍼센트 우리가 행복해질 날,

적정 기술로 시작해요.

글 작가의 말

과학이 필요한 사람들

어떻게 보면, 지구는 과거에 비해 살기 좋고 풍요로워진 것 같아요.
우리가 누리는 편리의 거의 모든 것은 과학과 기술 덕분이지요.
그런데, 우리가 사는 진짜 지구의 모습을 얘기해 볼까요?
세계의 아이들은 20억 명이 넘어요.
세계 아이들 중에서 50퍼센트의 아이들인 10억 명은 굶주림에 시달리고 있어요.
세계 아이들 중에서 30퍼센트가 넘는 6억 명은 집과 화장실이 없이 살고 있고요.
세계 아이들 중에서 20퍼센트의 아이들인 4억 명은 깨끗한 물을 마시질 못해요.
세계 아이들 중에서 10퍼센트는 아파도 치료를 받을 수 없어요.
세계 아이들 중에서 1억 명이나 되는 아이들이 영양실조에 걸려 앓고 있어요.
그리고 마지막으로, 지금 이 순간에도, 지구 어디에서는 10초에 한 명꼴로
굶주림과 질병에 죽어 가고 있어요. 이것이 우리가 사는 세상의 진짜 모습입니다.
살기 좋고, 풍요로워 보이는 지구의 또 다른 모습이지요.
지구에는 과학이 필요한 사람들이 많아요. 소외되고 가난한 사람들을 도와줄 수
있는 착한 과학이 필요하고, 착한 과학자가 필요해요. 그것이 우리의 희망입니다.
전문가가 아니어도, 인류를 구할 착한 과학을 할 수 있어요. 소소한 과학이
지구를 살리고, 생명을 구할 수 있어요. 그것이 착한 과학 '적정 기술'이에요.
여러분이 지구를 희망과 행복의 별로 만들 수 있어요.
여러분이 곧 지구의 미래이기 때문이지요.

서지원

그림 작가의 말

사람을 존중하는 기술

우리나라는 대부분의 사람들이 전기, 수도, 가스를 편리하게 쓰고 있지요.
적정 기술은 우리와 상관없는 기술이라고 생각할 수도 있어요.
그러나 조금 다르게 보면 우리에게도 많은 생각을 던져 주는 기술이에요.
인공 지능 로봇이나 하늘을 나는 자동차를 만드는 사람들에게 적정 기술은
장난감처럼 보일지도 몰라요. 최소한의 재료와 간단한 물리, 화학 법칙을 적용해
도구를 만드니까요. 하지만 적정 기술을 만든 과학자, 발명가들의 기발한
아이디어를 보고 있으면 감동하게 되죠. 아이디어의 근간이 다른 사람의 삶에 대한
관심, 존중, 인간애에서 시작됐다는 걸 금방 알 수 있으니까요.
적정 기술에서는 따뜻한 냄새가 난다고 할까요?
이 책에 나오는 바알의 이야기를 그리며 더욱 그런 생각이 들었지요.
우리에게 촛불은 조금은 환상적인 추억입니다. 하지만 바알에게 촛불은
좋아하는 책을 밤에도 읽을 수 있는 유일한 방법이었어요. 그런 촛불을 마음껏
켤 수 없으니 정말 눈물이 날 만큼 속상했을 거예요. 그런 바알에게 모저 아저씨의
페트병 전구는 정말 큰 선물이 됐을 것입니다. 저는 바알의 이야기처럼 적정 기술을
사용하기 전 사람들, 아이들이 어떤 환경에 살고 있는지, 그 속에서 아이들이
느끼는 감정을 그림으로 표현하고 싶었어요. 그리고 상상했어요. 세상의 모든
아이들, 사람들이 행복해질 수 있는 적정 기술이 좀 더 다양해지고, 널리 쓰이는
날을요. 여러분도 적정 기술로 세상이 행복해지는 날을 꿈꾸어 보세요.

오승민

글 서지원

어린이책에 꼭 필요한 지혜와 교양을 유쾌한 입담과 기발한 상상력과 즐거운 엉뚱함으로 재미있게 엮어 들려주는 이야기꾼입니다. 한양대학교 국문학과를 졸업하고 1989년 〈문학과 비평〉에 소설로 등단해, 현재 어린 시절 꿈인 동화 작가가 되어 하루도 빠짐없이 재미있는 글을 쓰고 있습니다. 쓴 책으로는 《빨간 내복의 초능력자》 시리즈, 《마지막 수학전사》 시리즈, 《몹시도 수상쩍은 과학교실 1,2,3》, 《원리를 잡아라! 수학왕이 보인다》, 《수학 도깨비》, 《어느 날 우리 반에 공룡이 전학 왔다》 등이 있습니다.

그림 오승민

《꼭꼭 숨어라》로 2004년 국제 노마콩쿠르 가작을 수상했고, 2009년에는 《아깨비의 노래》로 볼로냐 국제도서전 한국관 일러스트레이터로 선정되었습니다. 선 굵은 필치와 화려한 색감으로 빛과 그림자의 음영이 뚜렷한 독특한 그림을 그리고 있습니다. 그린 책으로는 《503호 열차》, 《우주호텔》, 《열두 살 삼촌》, 《경국대전을 펼쳐라!》, 《새끼 표범》, 《후쿠시마의 눈물》, 《서울》, 《비닐봉지풀》 등이 있습니다.